화엄경 제12권 해설

화엄경 제12권에는 여래명호품과 4성제품이 나온다.

그때 부처님께서 마가다국 아란야 법보리도량 보광명전에 계시니 10불찰 미진수 일생보처 보살들이 타방세계로부터 모여 와 10주·10행·10회향·10장·10지·10원·10정·10통·10인을 설해 여래지·여래경계 등을 설해주기를 원했다.(pp.1~6)
그때 문수보살이 10불세계 여러 부처님의 명호에 대하여 설명한다.
① 동방 금색세계 부동지불 문수보살
② 남방 묘색세계 무애지불 각수보살
③ 서방 연화색세계 멸암지불 제수보살
④ 북방 담복화세계 위의지불 보수보살
⑤ 동북방 우발라화세계 명상지불 공덕수보살
⑥ 동남방 금색세계 구경지불 목수보살
⑦ 서남방 보색세계 최승지불 정진수보살
⑧ 서북방 금강색세계 자재지불 법수보살
⑨ 하방 파이색세계 범지불 지수보살
⑩ 상방 평등색세계 관찰지불 현수 보살 권속들에게 사바세계의 각각 다른 이름과 법문, 이름에 대해 말하고(pp.7~20), 그리고 4천왕 시방세계의 각각 다른 이름들과 백억부처님에 대한 이야기를 들려주었다.

동 일훈·남 풍일·서 이구·북 풍락 식으로 그들 부처님들이 보살도를 닦을 때 갖가지 일들을 언어·음성·업보를 통해 설명하고 있다.(pp.21~45)

4성제품에서는 세계 따라 진리를 설명하는 방법이 다르다고 말한다.

사바세계에서는 고성제 죄, 집성제 계박, 멸성제 무쟁, 도성제 일승

이는 하느리,

맏동생에게는 養氣·順氣·第一義·延將이기도 하고
최종생에게는 添福·眠宿·大葉·張檢기 하며
아기씨에게는 博採·無眞物·無益禁·醫國物이기도 하고
동생에게는 蔘茗·相觸勵·寂滅行이기도 하며
열째에게는 忘憂·不道轉·離言이기도 하고
홍에게는 眠障·壅塞所有·不道轉이기도 하며
삼에게는 陳耘·廉強·無漏·大氷細이기도 하고
일곱에게는 夜공·延衣·人腸苦기 하며
망아에게는 扶蹄·行·笑暗·離來藏이기도 하고
진등에게는 國樓·河湖住·無柁辰·嚴謹疏 등
상가지 이름으로 불리우고 있다고 말했다.(pp.46~93)

相 상		之 지	於 어	蘭 란		
法 법	妙 묘	座 좌	普 보	若 야	爾 이	如 여
住 주	悟 오		光 광	法 법	時 시	來 래
於 어	皆 개		明 명	菩 보	世 세	名 명
佛 불	滿 만		殿 전	提 리	尊 존	號 호
住 주	二 이		坐 좌	場 장	在 재	品 품
得 득	行 행		蓮 연	中 중	摩 마	
佛 불	永 영		華 화	始 시	竭 갈	第 제
平 평	絶 절		藏 장	成 성	提 제	七 칠
等 등	達 달		師 사	正 정	國 국	
到 도	無 무		子 자	覺 각	阿 아	

사경의 공덕은 십만억 부처님께 공양한 것과 같은 공덕이 있습니다.

大方廣佛華嚴經

世界		來	是	刹	立	無
界	普	集	一	微	不	障
涅	善		生	塵	思	處
槃	觀		補	數	議	不
界	察		處	諸	普	可
諸	諸		悉	菩	見	轉
業	衆		從	薩	三	法
果	生		他	俱	世	所
報	界		方	莫	與	行
心	法		而	不	十	無
行	界		共	皆	佛	礙

大方廣佛華嚴經 2

刹 찰	所 소	刹 찰	願 원	作 작	爲 위	次 차
成 성	說 설	莊 장	隨 수	是 시	無 무	第 제
就 취	法 법	嚴 엄	所 소	思 사	爲 위	一 일
佛 불	佛 불	佛 불	樂 락	惟 유	過 과	切 체
大 대	刹 찰	法 법	開 개	若 약	現 현	文 문
菩 보	體 체	性 성	示 시	世 세	未 미	義 의
提 리	性 성	佛 불	佛 불	尊 존	來 래	世 세
如 여	佛 불	刹 찰	刹 찰	見 견	時 시	出 출
十 시	威 위	淸 청	佛 불	愍 민	諸 제	世 세
方 방	德 덕	淨 정	住 주	我 아	菩 보	間 간
一 일	佛 불	佛 불	佛 불	等 등	薩 살	有 유

사경의 공덕은 십만억 부처님께 공양한 것과 같은 공덕이 있습니다.

疑의	淨정	切체	生생	故고	切체	切체
網망	除제	諸제	永영	救구	菩보	世세
故고	一일	行행	離리	護호	薩살	界계
拔발	切체	故고	一일	一일	故고	諸제
除제	雜잡	演연	切체	切체	令령	佛불
一일	染염	說설	煩번	衆중	如여	世세
切체	故고	一일	惱뇌	生생	來래	尊존
希희	永영	切체	故고	故고	種종	爲위
望망	斷단	諸제	了료	令령	性성	成성
故고	一일	法법	知지	諸제	不부	就취
滅멸	切체	故고	一일	衆중	斷단	一일

사경의 공덕은 십만억 부처님께 공양한 것과 같은 공덕이 있습니다.

通통	如여	如여	十십	向향		壞괴
如여	來래	來래	頂정	十십	說설	一일
來래	無무	神신	及급	藏장	諸제	切체
自자	畏외	力력	說설	十십	菩보	愛애
在재	如여	如여	如여	地지	薩살	著저
如여	來래	來래	來래	十십	十십	處처
來래	三삼	所소	地지	願원	住주	故고
無무	昧매	行행	如여	十십	十십	
礙애	如여	如여	來래	定정	行행	
如여	來래	來래	境경	十십	十십	
來래	神신	力력	界계	通통	廻회	

사경의 공덕은 십만억 부처님께 공양한 것과 같은 공덕이 있습니다.

眼如來耳如來鼻如來舌如來
身如來意如來
智慧如來最勝願佛世尊亦
來辯才如來
爲我說如來

爾時世尊知諸菩薩心之

所念各隨其類爲現神通

神通已東方過十佛剎微塵

	數수	不부	文문	諸제	禮례	子자
南남	世세	動동	殊수	菩보	卽즉	之지
方방	界계	智지	師사	薩살	於어	座좌
過과	有유	彼피	利리	俱구	東동	結결
十십	世세	世세	與여	來래	方방	跏가
佛불	界계	界계	十십	詣예	化화	趺부
刹찰	名명	中중	佛불	佛불	作작	坐좌
微미	金금	有유	刹찰	所소	蓮연	
塵진	色색	菩보	微미	到도	華화	
數수	佛불	薩살	塵진	已이	藏장	
世세	號호	名명	數수	作작	師사	

大方廣佛華嚴經

	坐	作	佛	佛	智	界
西		蓮	所	剎	彼	有
方		華	到	微	有	世
過		藏	已	塵	菩	界
十		師	作	數	薩	名
佛		子	禮	諸	名	妙
剎		之	即	菩	曰	色
微		座	於	薩	覺	佛
塵		結	南	俱	首	號
數		跏	方	來	與	無
世		趺	化	詣	十	礙

	跌 부	化 화	詣 예	十 십	闇 암	界 계
北 북	坐 좌	作 작	佛 불	佛 불	智 지	有 유
方 방		蓮 연	所 소	刹 찰	彼 피	世 세
過 과		華 화	到 도	微 미	有 유	界 계
十 십		藏 장	已 이	塵 진	菩 보	名 명
佛 불		師 사	作 작	數 수	薩 살	蓮 연
刹 찰		子 자	禮 례	諸 제	名 명	華 화
微 미		之 지	卽 즉	菩 보	曰 왈	色 색
塵 진		座 좌	於 어	薩 살	財 재	佛 불
數 수		結 결	西 서	俱 구	首 수	號 호
世 세		跏 가	方 방	來 래	與 여	滅 멸

사경의 공덕은 십만억 부처님께 공양한 것과 같은 공덕이 있습니다.

	跏	方	來	與	威	界
東	趺	化	詣	十	儀	有
北	坐	作	佛	佛	智	世
方		蓮	所	刹	彼	界
過		華	到	微	有	名
十		藏	已	塵	菩	薝
佛		師	作	數	薩	蔔
刹		子	禮	諸	名	華
微		之	卽	菩	曰	色
塵		座	於	薩	寶	佛
數		結	北	俱	首	號

사경의 공덕은 십만억 부처님께 공양한 것과 같은 공덕이 있습니다.

	之	於	薩	德	佛	世
東	座	東	俱	首	號	界
南	結	北	來	與	明	有
方	跏	方	詣	十	相	世
過	趺	化	佛	佛	智	界
十	坐	作	所	刹	彼	名
佛		蓮	到	微	有	優
刹		華	已	塵	菩	鉢
微		藏	作	數	薩	羅
塵		師	禮	諸	名	華
數		子	即	菩	功	色

사경의 공덕은 십만억 부처님께 공양한 것과 같은 공덕이 있습니다.

	趺부	化화	佛불	佛불	竟경	世세
西서	坐좌	作작	所소	刹찰	智지	界계
南남		蓮연	到도	微미	彼피	有유
方방		華화	已이	塵진	有유	世세
過과		藏장	作작	數수	菩보	界계
十십		師사	禮례	諸제	薩살	名명
佛불		子자	卽즉	菩보	名명	金금
刹찰		之지	於어	薩살	目목	色색
微미		座좌	東동	俱구	首수	佛불
塵진		結결	南남	來래	與여	號호
數수		跏가	方방	詣예	十십	究구

사경의 공덕은 십만억 부처님께 공양한 것과 같은 공덕이 있습니다.

世界勝十諸方跏
西智佛化趺
北界佛刹所作坐
方彼微到蓮
過有塵已華
十菩數作藏
佛薩諸禮師
刹名名即子
微寶菩於之
塵色精薩西
數佛進俱座
　最首號與結南來

	跏	方	詣	十	自	世
下	趺	化	佛	佛	在	界
方	坐	作	所	刹	智	有
過		蓮	到	微	彼	世
十		華	已	塵	有	界
佛		藏	作	數	菩	名
刹		師	禮	諸	薩	金
微		子	即	菩	名	剛
塵		之	於	薩	法	色
數		座	西	俱	首	佛
世			結	北	來	與	號

사경의 공덕은 십만억 부처님께 공양한 것과 같은 공덕이 있습니다.

大方廣佛華嚴經 14

界有世界名平等色佛號觀世
　上方過十佛刹微塵數刹微塵
蓮華藏師子之座卽於座結跏趺坐作
所到已作禮諸菩薩名智首與十佛
刹微塵數諸菩薩俱來詣佛
智彼有世界名玻瓈色佛號梵

사경의 공덕은 십만억 부처님께 공양한 것과 같은 공덕이 있습니다.

察	佛	佛	作	坐		薩
찰	불	불	작	좌		살
智	刹	所	蓮		爾	承
지	찰	소	연		이	승
彼	微	到	華		時	佛
피	미	도	화		시	불
有	塵	已	藏		文	威
유	진	이	장		문	위
菩	數	作	師		殊	力
보	수	작	사		수	력
薩	諸	禮	子		師	普
살	제	례	자		사	보
名	菩	卽	之		利	觀
명	보	즉	지		리	관
賢	薩	於	座		菩	一
현	살	어	좌		보	일
首	俱	上	結		薩	切
수	구	상	결		살	체
與	來	方	跏		摩	菩
여	래	방	가		마	보
十	詣	化	趺		訶	薩
십	예	화	부		하	살

사경의 공덕은 십만억 부처님께 공양한 것과 같은 공덕이 있습니다.

佛불	菩보	刹찰	佛불	思사	爲위	衆중
子자	提리	成성	刹찰	議의	希희	會회
十시	皆개	就취	淸청	佛불	有유	而이
方방	不불	佛불	淨정	住주	諸제	作작
世세	可가	阿아	佛불	佛불	佛불	是시
界계	思사	耨녹	說설	刹찰	子자	言언
一일	議의	多다	法법	莊장	佛불	此차
切체	何하	羅라	佛불	嚴엄	國국	諸제
諸제	以이	三삼	出출	佛불	土토	菩보
佛불	故고	藐막	現현	法법	不불	薩살
知지	諸제	三삼	佛불	性성	可가	甚심

사경의 공덕은 십만억 부처님께 공양한 것과 같은 공덕이 있습니다.

量	種	界		虛	說	諸
량	종	계		허	설	제
種	種	諸	諸	空	法	衆
종	종	제	제	공	법	중
種	色	四	佛	界	調	生
종	색	사	불	계	조	생
處	相	天	子		伏	樂
처	상	천	자		복	락
所	種	下	如		如	欲
소	종	하	여		여	욕
種	種	種	來		是	不
종	종	종	래		시	부
種	脩	種	於		乃	同
종	수	종	어		내	동
諸	短	身	此		至	隨
제	단	신	차		지	수
根	種	種	娑		等	其
근	종	종	사		등	기
種	種	種	婆		法	所
종	종	종	바		법	소
種	壽	名	世		界	應
종	수	명	세		계	응

사경의 공덕은 십만억 부처님께 공양한 것과 같은 공덕이 있습니다.

氏씨	仙선	呪주	義의	來래	諸제	生생
或혹	或혹	或혹	成성	於어	衆중	處처
名명	名명	名명	或혹	此차	生생	種종
大대	毘비	釋석	名명	四사	各각	種종
沙사	盧로	迦가	圓원	天천	別별	語어
門문	遮자	牟모	滿만	下하	知지	業업
或혹	那나	尼니	月월	中중	見견	種종
名명	或혹	或혹	或혹	或혹	諸제	種종
最최	名명	名명	名명	名명	佛불	觀관
勝승	瞿구	第제	師사	一일	子자	察찰
或혹	曇담	七칠	子자	切체	如여	令령

사경의 공덕은 십만억 부처님께 공양한 것과 같은 공덕이 있습니다.

無무	慧혜	名명	世세		諸제	名명
諍쟁	或혹	金금	界계	諸제	眾중	導도
或혹	名명	剛강	名명	佛불	生생	師사
名명	難난	或혹	爲위	子자	各각	如여
能능	勝승	名명	善선	此차	別별	是시
爲위	或혹	自자	護호	四사	知지	等등
主주	名명	在재	如여	天천	見견	其기
或혹	雲운	或혹	來래	下하		數수
名명	王왕	名명	於어	東동		十십
心심	或혹	有유	彼피	次차		千천
歡환	名명	智지	或혹	有유		令령

사경의 공덕은 십만억 부처님께 공양한 것과 같은 공덕이 있습니다.

喜或名無與等或名斷言論
如是等其數十千令諸衆生
各別知見

世界名佛爲子此四天下南次彼有或
或名名帝釋或名難寶稱如來於離垢或
或名實語或名能調伏或名

名명	世세		別별	是시	利리	具구
水수	界계	諸제	知지	等등	益익	足족
天천	名명	佛불	見견	其기	或혹	喜희
或혹	爲위	子자		數수	名명	或혹
名명	親친	此차		十십	無무	名명
喜희	慧혜	四사		千천	邊변	大대
見견	如여	天천		令령	或혹	名명
或혹	來래	下하		諸제	名명	稱칭
名명	於어	西서		衆중	最최	或혹
最최	彼피	次차		生생	勝승	名명
勝승	或혹	有유		各각	如여	能능

사경의 공덕은 십만억 부처님께 공양한 것과 같은 공덕이 있습니다.

大方廣佛華嚴經 22

世세		生생	住주	法법	或혹	王왕
界계	諸제	各각	如여	慧혜	名명	或혹
名명	佛불	別별	是시	或혹	到도	名명
有유	子자	知지	等등	名명	究구	調조
師사	此차	見견	其기	所소	竟경	伏복
子자	四사		數수	作작	或혹	天천
如여	天천	十십	已이	名명	或혹
來래	下하	千천	辦판	歡환	名명
於어	北북	令령	或혹	喜희	眞진
彼피	次차	諸제	名명	或혹	實실
或혹	有유	衆중	善선	名명	慧혜

사경의 공덕은 십만억 부처님께 공양한 것과 같은 공덕이 있습니다.

	諸 제	苦 고	瞖 예	智 지	所 소	名 명
諸 제	衆 중	行 행	羅 라	或 혹	尊 존	大 대
佛 불	生 생	得 득	跋 발	名 명	或 혹	牟 모
子 자	各 각	如 여	那 나	善 선	名 명	尼 니
此 차	別 별	是 시	或 혹	意 의	最 최	或 혹
四 사	知 지	等 등	名 명	或 혹	勝 승	名 명
天 천	見 견	其 기	最 최	名 명	田 전	苦 고
下 하		數 수	上 상	淸 청	或 혹	行 행
東 동		十 십	施 시	淨 정	名 명	或 혹
北 북		千 천	或 혹	或 혹	一 일	名 명
方 방		令 령	名 명	名 명	切 체	世 세

사경의 공덕은 십만억 부처님께 공양한 것과 같은 공덕이 있습니다.

衆	出	無	或	名	彼	次
생	출	무	혹	명	피	차
生	現	能	名	息	或	有
생	현	능	명	식	혹	유
各	如	勝	勝	滅	名	世
각	여	승	승	멸	명	세
別	是	或	慧	或	調	界
별	시	혹	혜	혹	조	계
知	等	名	或	名	伏	名
지	등	명	혹	명	복	명
見	其	智	名	賢	魔	妙
견	기	지	명	현	마	묘
	數	慧	心	天	或	觀
	수	혜	심	천	혹	관
	十	音	平	或	名	察
	십	음	평	혹	명	찰
	千	或	等	名	成	如
	천	혹	등	명	성	여
	令	名	或	離	就	來
	령	명	혹	리	취	래
	諸	難	名	貪	或	於
	제	난	명	탐	혹	어

次彼或脫或名
諸有或名或名精
佛世名徧名淨進
子界極知性眼力
此名威或安王如
四爲嚴名住或是
天喜或祕或名等
下樂名密名大其
東如光或如勇數
南來焰名法健十
方於聚解行或千

사경의 공덕은 십만억 부처님께 공양한 것과 같은 공덕이 있습니다.

大方廣佛華嚴經 26

切체	名명	圓원	彼피	次차		令령
施시	頂정	滿만	或혹	有유	諸제	諸제
或혹	王왕	或혹	名명	世세	佛불	衆중
名명	或혹	名명	安안	界계	子자	生생
持지	名명	不부	住주	名명	此차	各각
衆중	自자	動동	或혹	甚심	四사	別별
仙선	在재	或혹	名명	堅견	天천	知지
或혹	音음	名명	智지	牢뢰	下하	見견
名명	或혹	妙묘	王왕	如여	西서	
勝승	名명	眼안	或혹	來래	南남	
須수	一일	或혹	名명	於어	方방	

사경의 공덕은 십만억 부처님께 공양한 것과 같은 공덕이 있습니다.

上上 摩마 彼피 次차 　 生생 彌미
義의 尼니 或혹 有유 諸제 各각 如여
或혹 髻계 名명 世세 佛불 別별 是시
名명 或혹 普보 界계 子자 知지 等등
常상 名명 徧변 名명 此차 見견 其기
喜희 可가 或혹 爲위 四사 　 數수
樂락 憶억 名명 妙묘 天천 　 十십
或혹 念념 光광 地지 下하 　 千천
名명 或혹 焰염 如여 西서 　 令령
性성 名명 或혹 來래 北북 　 諸제
淸청 無무 名명 於어 方방 　 衆중

사경의 공덕은 십만억 부처님께 공양한 것과 같은 공덕이 있습니다.

淨住本如是等其數名十千令
名眾生各別知其數名修臂
或諸佛子為此四見等光或
有世界諸佛子如是光或
或名世界諸眾住或
名猛利慧或根名焰名慧如來次於彼
名金色焰或名師子相

或혹	有유		數수	實실	作작	一일
名명	世세	諸제	十십	天천	利리	切체
有유	界계	佛불	千천	或혹	益익	知지
智지	名명	子자	令령	名명	或혹	識식
慧혜	曰왈	此차	諸제	普보	名명	或혹
或혹	持지	四사	衆중	徧변	到도	名명
名명	地지	天천	生생	勝승	究구	究구
淸청	如여	下하	各각	如여	竟경	竟경
淨정	來래	次차	別별	是시	或혹	音음
面면	於어	上상	知지	等등	名명	或혹
或혹	彼피	方방	見견	其기	眞진	名명

사경의 공덕은 십만억 부처님께 공양한 것과 같은 공덕이 있습니다.

億억		衆중	一일	或혹	嚴엄	名명
四사	諸제	生생	道도	名명	或혹	覺각
天천	佛불	各각	如여	如여	名명	慧혜
下하	子자	別별	是시	盛성	發발	或혹
如여	此차	知지	等등	火화	歡환	名명
來래	娑사	見견	其기	或혹	喜희	上상
於어	婆바		數수	名명	或혹	首수
中중	世세		十십	持지	名명	或혹
有유	界계		千천	戒계	意의	名명
百백	有유		令령	或혹	成성	行행
億억	百백		諸제	名명	滿만	莊장

사경의 공덕은 십만억 부처님께 공양한 것과 같은 공덕이 있습니다.

名	慰	或	有		知	萬
명	위	혹	유		지	만
眞	或	名	世	諸	見	種
진	혹	명	세	제	견	종
實	名	平	界	佛		種
실	명	평	계	불		종
語	開	等	名	子		名
어	개	등	명	자		명
或	曉	或	爲	此		號
혹	효	혹	위	차		호
名	意	名	密	婆		令
명	의	명	밀	사		령
得	或	殊	訓	婆		諸
득	혹	수	훈	바		제
自	名	勝	如	世		衆
자	명	승	여	세		중
在	聞	或	來	界		生
재	문	혹	래	계		생
或	慧	名	於	東		各
혹	혜	명	어	동		각
名	或	安	彼	次		別
명	혹	안	피	차		별

사경의 공덕은 십만억 부처님께 공양한 것과 같은 공덕이 있습니다.

大方廣佛華嚴經 32

上상	或혹	有유		號호	等등	最최
尊존	名명	世세	諸제	令령	智지	勝승
或혹	本본	界계	佛불	諸제	如여	身신
名명	性성	名명	子자	衆중	是시	或혹
大대	或혹	曰왈	此차	生생	等등	名명
智지	名명	豐풍	娑사	各각	百백	大대
炬거	勤근	溢일	婆바	別별	億억	勇용
或혹	意의	如여	世세	知지	萬만	猛맹
名명	或혹	來래	界계	見견	種종	或혹
無무	名명	於어	南남		種종	名명
所소	無무	彼피	次차		名명	無무

사경의 공덕은 십만억 부처님께 공양한 것과 같은 공덕이 있습니다.

或有　種名或依
名世諸名大名或
意界佛號自福名
成名子令在德光
或爲此諸如藏明
名離娑衆是或藏
知垢婆生等名或
道如世各百天名
或來界別億中智
名於西知萬天慧
安彼次見種或藏

사경의 공덕은 십만억 부처님께 공양한 것과 같은 공덕이 있습니다.

有		種	名	或	義	住
世	諸	名	具	名	或	本
界	佛	號	足	調	名	或
名	子	令	力	伏	樂	名
曰	此	諸	如	行	分	能
豐	娑	衆	是	或	別	解
樂	婆	生	等	名	或	縛
如	世	各	百	衆	名	或
來	界	別	億	苦	最	名
於	北	知	萬	行	勝	通
彼	次	見	種	或	見	達

	名	清	名	超	名	或
諸	號	淨	如	邁	善	名
佛	令	身	月	或	住	薝
子	諸	如	現	名	或	蔔
此	衆	是	或	慧	名	華
娑	生	等	名	日	現	色
婆	各	百	迅	或	神	或
世	別	億	疾	名	通	名
界	知	萬	風	無	或	日
東	見	種	或	礙	名	藏
北		種	名	或	性	或

사경의 공덕은 십만억 부처님께 공양한 것과 같은 공덕이 있습니다.

方 방	於 어	或 혹	名 명	淨 정	百 백
次 차	彼 피	或 혹	名 명	信 신	億 억
有 유	或 혹	名 명	世 세	藏 장	萬 만
世 세	名 명	大 대	間 간	或 혹	種 종
界 계	永 영	伏 복	藏 장	名 명	種 종
名 명	離 리	藏 장	名 명	心 심	名 명
爲 위	苦 고	或 혹	無 무	不 부	號 호
攝 섭	或 혹	名 명	寶 보	礙 애	動 동	令 령
取 취	名 명	解 해	光 광	地 지	如 여	諸 제
如 여	普 보	脫 탈	明 명	或 혹	是 시	衆 중
來 래	解 해	智 지	或 혹	名 명	等 등	生 생

사경의 공덕은 십만억 부처님께 공양한 것과 같은 공덕이 있습니다.

大方廣佛華嚴經

別 별	嚴 엄	或 혹	於 어	方 방		各 각
彼 피	蓋 개	名 명	彼 피	次 차	諸 제	別 별
岸 안	或 혹	美 미	或 혹	有 유	佛 불	知 지
或 혹	名 명	音 음	名 명	世 세	子 자	見 견
名 명	精 정	或 혹	現 현	界 계	此 차	
勝 승	進 진	名 명	光 광	名 명	娑 사	
定 정	根 근	勝 승	明 명	爲 위	婆 바	
或 혹	或 혹	根 근	或 혹	饒 요	世 세	
名 명	名 명	或 혹	名 명	益 익	界 계	
簡 간	到 도	名 명	盡 진	如 여	東 동	
言 언	分 분	莊 장	智 지	來 래	南 남	

사경의 공덕은 십만억 부처님께 공양한 것과 같은 공덕이 있습니다.

辭사	萬만	知지		方방	於어	寶보
或혹	種종	見견	諸제	次차	彼피	或혹
名명	種종		佛불	有유	或혹	名명
智지	名명		子자	世세	名명	世세
慧혜	號호		此차	界계	牟모	解해
海해	令령		娑사	名명	尼니	脫탈
如여	諸제		婆바	爲위	主주	或혹
是시	衆중		世세	鮮선	或혹	名명
等등	生생		界계	少소	名명	徧변
百백	各각		西서	如여	具구	知지
億억	別별		南남	來래	衆중	根근

사경의 공덕은 십만억 부처님께 공양한 것과 같은 공덕이 있습니다.

或	名	開	等		生		方
혹	명	개	등		생		방
名	根	導	百	各	諸		次
명	근	도	백	각	제		차
勝	自	業	億	別	佛		有
승	자	업	억	별	불		유
言	在	或	萬	知	子		世
언	재	혹	만	지	자		세
辭	或	名	種	見	此		界
사	혹	명	종	견	차		계
或	名	金	種		娑		名
혹	명	금	종		사		명
大	剛	名			婆		爲
대	강	명			바		위
仙	師	號			世		歡
선	사	호			세		환
明	師	子	令		界		喜
명	사	자	령		계		희
或	如	諸			西		如
혹	여	제			서		여
了	是	衆			北		來
료	시	중			북		래

사경의 공덕은 십만억 부처님께 공양한 것과 같은 공덕이 있습니다.

令령	藏장	有유	名명	法법	蓋개	於어
諸제	如여	善선	淨정	或혹	或혹	彼피
衆중	是시	法법	妙묘	名명	名명	或혹
生생	等등	或혹	蓋개	法법	蓮연	名명
各각	百백	名명	或혹	寶보	華화	妙묘
別별	億억	專전	名명	或혹	藏장	華화
知지	萬만	念념	廣광	名명	或혹	聚취
見견	種종	法법	大대	復부	名명	或혹
	種종	或혹	眼안	出출	超초	名명
	名명	名명	或혹	生생	越월	栴전
	號호	網망	名명	或혹	諸제	檀단

사경의 공덕은 십만억 부처님께 공양한 것과 같은 공덕이 있습니다.

別별	大대	名명	或혹	彼피	方방	
道도	速속	覺각	名명	或혹	有유	諸제
或혹	疾질	悟오	帝제	名명	世세	佛불
名명	或혹	本본	釋석	發발	界계	子자
摧최	名명	或혹	弓궁	起기	名명	此차
伏복	常상	名명	或혹	焰염	爲위	娑사
幢당	樂락	斷단	名명	或혹	關관	婆바
如여	施시	增증	無무	名명	鑰약	世세
是시	或혹	長장	常상	調조	如여	界계
等등	名명	或혹	所소	伏복	來래	次차
百백	分분	名명	或혹	毒독	於어	下하

사경의 공덕은 십만억 부처님께 공양한 것과 같은 공덕이 있습니다.

吉	或	彼	方		別	億
길	혹	피	방		별	억
興	名	或	有	諸	知	萬
흥	명	혹	유	제	지	만
或	樂	名	世	佛	見	種
혹	락	명	세	불	견	종
名	大	勇	界	子		種
명	대	용	계	자		종
超	施	猛	名	此		名
초	시	맹	명	차		명
境	或	幢	曰	娑		號
경	혹	당	왈	사		호
界	名	或	振	婆		令
계	명	혹	진	바		령
或	天	名	音	世		諸
혹	천	명	음	세		제
名	光	無	如	界		衆
명	광	무	여	계		중
一	或	量	來	次		生
일	혹	량	래	차		생
切	名	寶	於	上		各
체	명	보	어	상		각

사경의 공덕은 십만억 부처님께 공양한 것과 같은 공덕이 있습니다.

無무	東동		見견	種종	或혹	主주
等등	方방	諸제		種종	名명	或혹
不불	百백	佛불		名명	一일	名명
可가	千천	子자		號호	切체	不불
數수	億억	如여		令령	智지	退퇴
不불	無무	娑사		諸제	如여	輪륜
可가	數수	婆바		衆중	是시	或혹
稱칭	無무	世세		生생	等등	名명
不불	量량	界계		各각	百백	離리
可가	無무	如여		別별	億억	衆중
思사	邊변	是시		知지	萬만	惡악

사경의 공덕은 십만억 부처님께 공양한 것과 같은 공덕이 있습니다.

種종	種종		復부	不부	界계	不불
種종	談담	如여	如여	同동	諸제	可가
業업	論론	世세	是시	南남	世세	量량
種종	種종	尊존		西서	界계	不불
種종	種종	昔석		北북	中중	可가
報보	語어	爲위		方방	如여	說설
種종	言언	菩보		四사	來래	盡진
種종	種종	薩살		維유	名명	法법
處처	種종	時시		上상	號호	界계
種종	音음	以이		下하	種종	虛허
種종	聲성	種종		亦역	種종	空공

사경의 공덕은 십만억 부처님께 공양한 것과 같은 공덕이 있습니다.

大方廣佛華嚴經 45

方便種種根種種熟亦令眾生如種
地位而得成說法亦令眾生如
是知見而得為成說法令眾生如

薩告諸菩薩言諸佛子苦聖
爾時文殊師利菩薩摩訶
四聖諦品第八

諦	名	或	名	夫		世
재	명	혹	명	부		세
此	逼	名	虛	行	諸	界
차	핍	명	허	행	제	계
娑	迫	聚	誑		佛	中
사	박	취	광		불	중
婆	或	或	或		子	或
바	혹	혹	혹		자	혹
世	名	名	名		苦	名
세	명	명	명		고	명
界	變	刺	癰		集	繫
계	변	자	옹		집	계
中	異	或	瘡		聖	縛
중	이	혹	창		성	박
或	或	名	處		諦	或
혹	혹	명	처		제	혹
名	名	依	或		此	名
명	명	의	혹		차	명
罪	攀	根	名		娑	滅
죄	반	근	명		사	멸
或	緣	或	愚		婆	壞
혹	연	혹	우		바	괴

或혹	世세		根근	名명	名명	或혹
名명	界계	諸제		戲희	趣취	名명
寂적	中중	佛불		論론	入입	愛애
靜정	或혹	子자		或혹	或혹	著착
或혹	名명	苦고		名명	名명	義의
名명	無무	滅멸		隨수	決결	或혹
無무	諍쟁	聖성		行행	定정	名명
相상	或혹	諦제		或혹	或혹	妄망
或혹	名명	此차		名명	名명	覺각
名명	離리	娑사		顚전	網망	念념
無무	塵진	婆바		倒도	或혹	或혹

사경의 공덕은 십만억 부처님께 공양한 것과 같은 공덕이 있습니다.

大方廣佛華嚴經 48

別별	寂적	婆바		自자	或혹	沒몰
或혹	或혹	世세	諸제	性성	名명	或혹
名명	名명	界계	佛불		滅멸	名명
平평	導도	中중	子자		或혹	無무
等등	引인	或혹	苦고		名명	自자
或혹	或혹	名명	滅멸		體체	性성
名명	名명	一일	道도		眞진	或혹
捨사	究구	乘승	聖성		實실	名명
擔담	竟경	或혹	諦제		或혹	無무
或혹	無무	名명	此차		名명	障장
名명	分분	趣취	娑사		住주	礙애

사경의 공덕은 십만억 부처님께 공양한 것과 같은 공덕이 있습니다.

苦 고		名 명	聖 성		人 인	無 무
聖 성	諸 제	隨 수	諦 제	諸 제	行 행	所 소
諦 제	佛 불	衆 중	有 유	佛 불	或 혹	趣 취
者 자	子 자	生 생	如 여	子 자	名 명	或 혹
彼 피	此 차	心 심	是 시	此 차	十 십	名 명
密 밀	娑 사	悉 실	等 등	娑 사	藏 장	隨 수
訓 훈	婆 바	令 령	四 사	婆 바		聖 성
世 세	世 세	調 조	百 백	世 세		意 의
界 계	界 계	伏 복	億 억	界 계		或 혹
中 중	所 소		十 십	說 설		名 명
或 혹	言 언		千 천	四 사		仙 선

사경의 공덕은 십만억 부처님께 공양한 것과 같은 공덕이 있습니다.

彼피		躁조	或혹	名명	繫계	名명
密밀	諸제	動동	名명	普보	縛박	營영
訓훈	佛불	或혹	作작	鬪투	本본	求구
世세	子자	名명	所소	諍쟁	或혹	根근
界계	所소	形형	依의	或혹	名명	或혹
中중	言언	狀상	或혹	名명	作작	名명
或혹	苦고	物물	名명	分분	所소	不불
名명	集집		極극	析석	不불	出출
順순	聖성		苦고	悉실	應응	離리
生생	諦제		或혹	無무	作작	或혹
死사	者자		名명	力력	或혹	名명

사경의 공덕은 십만억 부처님께 공양한 것과 같은 공덕이 있습니다.

或혹	彼피		源원	或혹	轉전	或혹
名명	密밀	諸제	或혹	名명	或혹	名명
出출	訓훈	佛불	名명	惡악	名명	染염
離리	世세	子자	分분	行행	敗패	著착
或혹	界계	所소	數수	或혹	壞괴	或혹
名명	中중	言언		名명	根근	名명
可가	或혹	苦고		愛애	或혹	燒소
讚찬	名명	滅멸		著착	名명	然연
歎탄	第제	聖성		或혹	續속	或혹
或혹	一일	諦제		名명	諸제	名명
名명	義의	者자		病병	有유	流류

사경의 공덕은 십만억 부처님께 공양한 것과 같은 공덕이 있습니다.

安隱或名一分或善入趣無罪或名調伏
或名隱或一分名善入趣無罪或名調伏伏

貪或名諸佛名決定言苦滅道聖諦將

者彼密訓世界中出或名猛將

或名上行或名超出或名

方便或名平等眼或名離邊

사경의 공덕은 십만억 부처님께 공양한 것과 같은 공덕이 있습니다.

苦 고		隨 수	諦 제		勝 승	或 혹
聖 성	諸 제	眾 중	有 유	諸 제	眼 안	名 명
諦 제	佛 불	生 생	如 여	佛 불	或 혹	了 료
者 자	子 자	心 심	是 시	子 자	名 명	悟 오
彼 피	此 차	悉 실	等 등	密 밀	觀 관	或 혹
最 최	娑 사	令 령	四 사	訓 훈	方 방	名 명
勝 승	婆 바	調 조	百 백	世 세		攝 섭
世 세	世 세	伏 복	億 억	界 계		取 취
界 계	界 계		十 십	說 설		或 혹
中 중	所 소		千 천	四 사		名 명
或 혹	言 언			名 명	聖 성	最 최

彼 피		勢 세	難 난	名 명	惡 악	名 명
最 최	諸 제	力 력	共 공	招 초	或 혹	恐 공
勝 승	佛 불		事 사	引 인	名 명	怖 포
世 세	子 자		或 혹	怨 원	須 수	或 혹
界 계	所 소		名 명	或 혹	承 승	名 명
中 중	言 언		妄 망	名 명	事 사	分 분
或 혹	苦 고		分 분	能 능	或 혹	段 단
名 명	集 집		別 별	欺 기	名 명	或 혹
敗 패	聖 성		或 혹	奪 탈	變 변	名 명
壞 괴	諦 제		名 명	或 혹	異 이	可 가
或 혹	者 자		有 유	名 명	或 혹	厭 염

사경의 공덕은 십만억 부처님께 공양한 것과 같은 공덕이 있습니다.

名	彼		闇	己	或	名
饒	最	諸	或	物	名	癡
益	勝	佛	名	或	滅	根
或	世	子	壞	名	味	或
名	界	所	善	惡	或	名
義	中	言	利	導	名	大
中	或	苦		引	仇	怨
義	名	滅		或	對	或
或	大	聖		名	或	名
名	義	諦		增	名	利
無	或	者		黑	非	刃

사경의 공덕은 십만억 부처님께 공양한 것과 같은 공덕이 있습니다.

名 명	然 연	者 자		或 혹	或 혹	量 량
無 무	或 혹	彼 피	諸 제	名 명	名 명	或 혹
能 능	名 명	最 최	佛 불	可 가	最 최	名 명
破 파	最 최	勝 승	子 자	同 동	上 상	所 소
或 혹	上 상	世 세	所 소	住 주	調 조	應 응
名 명	品 품	界 계	言 언	或 혹	伏 복	見 견
深 심	或 혹	中 중	苦 고	名 명	或 혹	或 혹
方 방	名 명	或 혹	滅 멸	無 무	名 명	名 명
便 편	決 결	名 명	道 도	爲 위	常 상	離 리
或 혹	定 정	能 능	聖 성		平 평	分 분
名 명	或 혹	燒 소	諦 제		等 등	別 별

사경의 공덕은 십만억 부처님께 공양한 것과 같은 공덕이 있습니다.

苦		隨	諦		或	出
聖	諸	衆	有	諸	名	離
諦	佛	生	如	佛	解	或
者	子	心	是	子	脫	名
彼	此	悉	等	最	性	不
離	娑	令	四	勝	或	下
垢	婆	調	百	世	名	劣
世	世	伏	億	界	能	或
界	界		十	說	度	名
中	所		千	四	脫	通
或	言			名	聖	達

사경의 공덕은 십만억 부처님께 공양한 것과 같은 공덕이 있습니다.

或 혹	彼 피		名 명	法 법	或 혹	名 명
名 명	離 리	諸 제	虛 허	或 혹	名 명	悔 회
但 단	垢 구	佛 불	妄 망	名 명	住 주	恨 한
有 유	世 세	子 자	見 견	居 거	城 성	或 혹
語 어	界 계	所 소	或 혹	宅 택	或 혹	名 명
或 혹	中 중	言 언	名 명	或 혹	名 명	資 자
名 명	或 혹	苦 고	無 무	名 명	一 일	待 대
非 비	名 명	集 집	有 유	妄 망	味 미	或 혹
潔 결	無 무	聖 성	數 수	著 착	或 혹	名 명
白 백	實 실	諦 제		處 처	名 명	展 전
或 혹	物 물	者 자		或 혹	非 비	轉 전

사경의 공덕은 십만억 부처님께 공양한 것과 같은 공덕이 있습니다.

最최	或혹	彼피		生생	或혹	名명
勝승	名명	離리	諸제	或혹	名명	生생
根근	普보	垢구	佛불	名명	增증	地지
或혹	除제	世세	子자	麤추	長장	或혹
名명	盡진	界계	所소	獷광	或혹	名명
稱칭	或혹	中중	言언		名명	執집
會회	名명	或혹	苦고		重중	取취
或혹	離리	名명	滅멸		擔담	或혹
名명	垢구	無무	聖성		或혹	名명
無무	或혹	等등	諦제		名명	鄙비
資자	名명	等등	者자		能능	賤천

사경의 공덕은 십만억 부처님께 공양한 것과 같은 공덕이 있습니다.

或	或	物	者		畢	待
혹	혹	물	자		필	대
名	名	或	彼	諸	竟	或
명	명	혹	피	제	경	혹
最	本	名	離	佛	或	名
최	본	명	리	불	혹	명
清	性	方	垢	子	名	滅
청	성	방	구	자	명	멸
淨	實	便	世	所	破	惑
정	실	편	세	소	파	혹
或	或	分	界	言	印	或
혹	혹	분	계	언	인	혹
名	名	或	中	苦		名
명	명	혹	중	고		명
諸	不	名	或	滅		最
제	불	명	혹	멸		최
有	可	解	名	道		上
유	가	해	명	도		상
邊	毀	脫	堅	聖		或
변	훼	탈	견	성		혹
或	訾	本	固	諦		名
혹	자	본	고	제		명

사경의 공덕은 십만억 부처님께 공양한 것과 같은 공덕이 있습니다.

苦고		隨수	諦제		淨정	名명
聖성	諸제	衆중	有유	諸제	分분	受수
諦제	佛불	生생	如여	佛불	別별	寄기
者자	子자	心심	是시	子자		全전
彼피	此차	悉실	等등	離리		或혹
豊풍	娑사	令령	四사	垢구		名명
溢일	婆바	調조	百백	世세		作작
世세	世세	伏복	億억	界계		究구
界계	界계		十십	說설		竟경
中중	所소		千천	四사		或혹
或혹	言언		名명	聖성		名명

사경의 공덕은 십만억 부처님께 공양한 것과 같은 공덕이 있습니다.

名	有	別	名		所		彼
명	유	별	명		소		피
愛	海	根	障	成	諸	豐
애	해	근	장	성	제	풍
染	分	礙		佛	溢
염	분	애		불	일
處	或	或		子	世
처	혹	혹		자	세
或	名	增	名	所	界
혹	명	증	명	소	계
名	積	長	刀	言	中
명	적	장	도	언	중
險	集	或	劍	苦	或
험	집	혹	검	고	혹
害	成	名	本	集	名
해	성	명	본	집	명
根	或	生	或	聖	可
근	혹	생	혹	성	가
或	名	滅	名	諦	惡
혹	명	멸	명	제	악
名	差	或	數	者	或
명	차	혹	수	자	혹

사경의 공덕은 십만억 부처님께 공양한 것과 같은 공덕이 있습니다.

或혹	彼피		或혹	名명	或혹	名명
名명	豊풍	諸제	名명	麤麤추	名명	名명
開개	溢일	佛불	動동	鄙비	不불	字자
顯현	世세	子자		物물	可가	或혹
或혹	界계	所소		或혹	愛애	名명
名명	中중	言언		名명	或혹	無무
無무	或혹	苦고		愛애	名명	盡진
文문	名명	滅멸		著착	能능	或혹
字자	相상	聖성		或혹	攫확	名명
或혹	續속	諦제		名명	噬서	分분
名명	斷단	者자		器기	或혹	數수

사경의 공덕은 십만억 부처님께 공양한 것과 같은 공덕이 있습니다.

或行者		或所無
혹 행 자		혹 소 무

或名 或彼 諸名 作所
혹명 혹피 제명 작소

安名 豐佛 捨或 修
안명 풍불 사혹 수

隱出 溢子 重名 或
은출 일자 중명 혹

去離 世所 擔寂 名
거리 세소 담적 명

或行 界言 或滅 無
혹행 계언 혹멸 무

名或 中苦 名或 所
명혹 중고 명혹 소

無名 或滅 已名 見
무명 혹멸 이명 견

量勤 名道 除已 或
량근 명도 제이 혹

壽修 寂聖 壞燒 名
수수 적성 괴소 명

或證 滅諦 盡無
혹증 멸제 진무

사경의 공덕은 십만억 부처님께 공양한 것과 같은 공덕이 있습니다.

	隨	諦		能	難	名
諸	眾	有	諸	勝	修	善
佛	生	如	佛		習	了
子	心	是	子		或	知
此	悉	等	豐		名	或
娑	令	四	溢		至	名
婆	調	百	世		彼	究
世	伏	億	界		岸	竟
界		十	說		或	道
所		千	四		名	或
言		名	聖		無	名

사경의 공덕은 십만억 부처님께 공양한 것과 같은 공덕이 있습니다.

	轉	欲	地	多	名	苦
諸	或	擔	獄	恐	能	聖
佛	名	或	性	怖	劫	諦
子	根	名	或	或	奪	者
所	本	深	名	名	或	彼
言	空	重	非	種	名	攝
苦		根	實	種	非	取
集		或	義	戲	善	世
聖		名	或	論	友	界
諦		隨	名	或	或	中
者		心	貪	名	名	或

彼		取	有	疾	名	彼
攝	諸	或	果	或	惡	攝
取	佛	名	或	名	成	取
世	子	流	名	能	辦	世
界	所	轉	無	執	或	界
中	言		可	取	名	中
或	苦		說	或	過	或
名	滅		或	名	惡	名
不	聖		名	想	或	貪
退	諦		無	或	名	著
轉	者		可	名	速	或

或혹	者자		遠원	妙묘	名명	或혹
名명	彼피	諸제	惡악	或혹	可가	名명
無무	攝섭	佛불	或혹	名명	欣흔	離리
諍쟁	取취	子자	名명	離리	樂락	言언
或혹	世세	所소	出출	癡치	或혹	說설
名명	界계	言언	離리	或혹	名명	或혹
敎교	中중	苦고		名명	堅견	名명
導도	或혹	滅멸		滅멸	固고	無무
或혹	名명	道도		盡진	或혹	相상
名명	離리	聖성		或혹	名명	狀장
善선	言언	諦제		名명	上상	或혹

사경의 공덕은 십만억 부처님께 공양한 것과 같은 공덕이 있습니다.

隨諦　行方廻
諸眾有諸或便向
佛生如佛名或或
子心是子勝名名
此悉等攝智如大
娑令四取或虛善
婆調百世名空巧
世伏億界能或或
界　十說了名名
所　千四義寂差
言　　名聖　靜別

사경의 공덕은 십만억 부처님께 공양한 것과 같은 공덕이 있습니다.

彼피		或혹	流류	或혹	名명	苦고
饒요	諸제	名명	轉전	名명	重중	聖성
益익	佛불	生생	或혹	老로	擔담	諦제
世세	子자	長장	名명	死사	或혹	者자
界계	所소	或혹	疲피	或혹	名명	彼피
中중	言언	名명	勞로	名명	不불	饒요
或혹	苦고	利리	或혹	愛애	堅견	益익
名명	集집	刃인	名명	所소	或혹	世세
敗패	聖성		惡악	成성	名명	界계
壞괴	諦제		相상	或혹	如여	中중
或혹	者자		狀장	名명	賊적	或혹

사경의 공덕은 십만억 부처님께 공양한 것과 같은 공덕이 있습니다.

名	彼		意	和	或	名
명	피		의	화	혹	명
眞	饒	諸	欲	合	名	渾
진	요	제	욕	합	명	혼
實	益	佛		或	喪	濁
실	익	불		혹	상	탁
或	世	子		名	失	或
혹	세	자		명	실	혹
名	界	所		所	或	名
명	계	소		소	혹	명
離	中	言		作	名	退
리	중	언		작	명	퇴
難	或	苦		或	乖	失
난	혹	고		혹	괴	실
或	名	滅		名	違	或
혹	명	멸		명	위	혹
名	出	聖		取	或	名
명	출	성		취	혹	명
覆	獄	諦		或	名	無
부	옥	제		혹	명	무
護	或	者		名	不	力
호	혹	자		명	불	력

사경의 공덕은 십만억 부처님께 공양한 것과 같은 공덕이 있습니다.

藏 장	所 소	者 자		無 무	本 본	或 혹
或 혹	有 유	彼 피	諸 제	相 상	或 혹	名 명
名 명	或 혹	饒 요	佛 불	續 속	名 명	離 리
得 득	名 명	益 익	子 자		捨 사	惡 악
光 광	一 일	世 세	所 소		因 인	或 혹
明 명	切 체	界 계	言 언		或 혹	名 명
或 혹	印 인	中 중	苦 고		名 명	隨 수
名 명	或 혹	或 혹	滅 멸		無 무	順 순
不 불	名 명	名 명	道 도		爲 위	或 혹
退 퇴	三 삼	達 달	聖 성		或 혹	名 명
法 법	昧 매	無 무	諦 제		名 명	根 근

사경의 공덕은 십만억 부처님께 공양한 것과 같은 공덕이 있습니다.

	隨	諦		不	名	或
諸	衆	有	諸	流	能	名
佛	生	如	佛	轉	調	能
子	心	是	子	根	伏	盡
此	悉	等	饒		或	有
娑	令	四	益		名	或
婆	調	百	世		有	名
世	伏	億	界		安	廣
界		十	說		隱	大
所		千	四		或	路
言		名	聖		名	或

사경의 공덕은 십만억 부처님께 공양한 것과 같은 공덕이 있습니다.

	多 다	名 명	或 혹	邪 사	名 명	苦 고
諸 제	憂 우	常 상	名 명	行 행	險 험	聖 성
佛 불	惱 뇌	破 파	貪 탐	或 혹	樂 락	諦 제
子 자		壞 괴	欲 욕	名 명	欲 욕	者 자
所 소		或 혹	根 근	隨 수	或 혹	彼 피
言 언		名 명	或 혹	受 수	名 명	鮮 선
苦 고		炬 거	名 명	或 혹	繫 계	少 소
集 집		火 화	恒 항	名 명	縛 박	世 세
聖 성		性 성	河 하	無 무	處 처	界 계
諦 제		或 혹	流 류	慙 참	或 혹	中 중
者 자		名 명	或 혹	恥 치	名 명	或 혹

사경의 공덕은 십만억 부처님께 공양한 것과 같은 공덕이 있습니다.

彼 피		連 련	取 취	或 혹	名 명	彼 피
鮮 선	諸 제	縛 박	或 혹	名 명	能 능	鮮 선
少 소	佛 불		名 명	恐 공	趣 취	少 소
世 세	子 자		著 착	怖 포	或 혹	世 세
界 계	所 소		處 처	或 혹	名 명	界 계
中 중	言 언		或 혹	名 명	遠 원	中 중
或 혹	苦 고		名 명	放 방	慧 혜	或 혹
名 명	滅 멸		宅 택	逸 일	或 혹	名 명
充 충	聖 성		主 주	或 혹	名 명	廣 광
滿 만	諦 제		或 혹	名 명	留 류	地 지
或 혹	者 자		名 명	攝 섭	難 난	或 혹

사경의 공덕은 십만억 부처님께 공양한 것과 같은 공덕이 있습니다.

明명	者자		名명	或혹	性성	名명
或혹	彼피	諸제	絶절	名명	或혹	不불
名명	鮮선	佛불	行행	無무	名명	死사
演연	少소	子자	處처	限한	分분	或혹
說설	世세	所소	或혹	量량	別별	名명
海해	界계	言언	名명	或혹	盡진	無무
或혹	中중	苦고	不불	名명	或혹	我아
名명	或혹	滅멸	二이	斷단	名명	或혹
揀간	名명	道도		流류	安안	名명
擇택	大대	聖성		轉전	樂락	無무
義의	光광	諦제		或혹	住주	自자

사경의 공덕은 십만억 부처님께 공양한 것과 같은 공덕이 있습니다.

或	名	平	勝		諦	隨
名	斷	等	見	諸	有	衆
和	相	因		佛	如	生
合	續	或		子	是	心
法	或	名		鮮	等	悉
或	名	淨		少	四	令
名	廣	方		世	百	調
離	大	便		界	億	伏
取	路	或		說	十	
著	或	名		四	千	
或	名	最		聖	名	

사경의 공덕은 십만억 부처님께 공양한 것과 같은 공덕이 있습니다.

	惡	別	或	名	苦	
	악	별	혹	명	고	
諸	舍	或	名	流	聖	諸
제	사	혹	명	류	성	제
佛	宅	名	染	轉	諦	佛
불	택	명	염	전	제	불
子	或	內	著	或	者	子
자	혹	내	착	혹	자	자
所	名	險	或	名	彼	此
소	명	험	혹	명	피	차
言	苦	或	名	出	歡	娑
언	고	혹	명	출	환	사
苦	惱	名	重	生	喜	婆
고	뇌	명	중	생	희	바
集	性	集	擔	或	世	世
집	성	집	담	혹	세	세
聖		會	或	名	界	界
성		회	혹	명	계	계
諦		或	名	失	中	所
제		혹	명	실	중	소
者			名	差	利	或	言
자			명	차	리	혹	언

사경의 공덕은 십만억 부처님께 공양한 것과 같은 공덕이 있습니다.

大方廣佛華嚴經 79

彼		或	戒	或	方	彼
피		혹	계	혹	방	피
歡	諸	名	或	名	便	歡
환	제	명	혹	명	편	환
喜	佛	垢	名	無	或	喜
희	불	구	명	무	혹	희
世	子	聚	煩	底	名	世
세	자	취	번	저	명	세
界	所		惱	或	非	界
계	소		뇌	혹	비	계
中	言		法	名	時	中
중	언		법	명	시	중
或	苦		或	攝	或	或
혹	고		혹	섭	혹	혹
名	滅		名	取	名	名
명	멸		명	취	명	명
破	聖		狹	或	非	地
파	성		협	혹	비	지
依	諦		劣	名	實	或
의	제		렬	명	실	혹
止	者		見	離	法	名
지	자		견	리	법	명

사경의 공덕은 십만억 부처님께 공양한 것과 같은 공덕이 있습니다.

界계	者자		或혹	名명	平평	或혹
或혹	彼피	諸제	名명	無무	等등	名명
名명	歡환	佛불	無무	曲곡	或혹	不불
斷단	喜희	子자	生생	或혹	名명	放방
集집	世세	所소		名명	善선	逸일
或혹	界계	言언		無무	淨정	或혹
名명	中중	苦고		相상	或혹	名명
超초	或혹	滅멸		或혹	名명	眞진
等등	名명	道도		名명	無무	實실
類류	入입	聖성		自자	病병	或혹
或혹	勝승	諦제		在재	或혹	名명

사경의 공덕은 십만억 부처님께 공양한 것과 같은 공덕이 있습니다.

大方廣佛華嚴經 81

隨수	諦제		脫탈	念념	神신	名명
衆중	有유	諸제		行행	力력	廣광
生생	如여	佛불		或혹	道도	大대
心심	是시	子자		名명	或혹	性성
悉실	等등	歡환		常상	名명	或혹
令령	四사	喜희		寂적	衆중	名명
調조	百백	世세		路로	方방	分분
伏복	億억	界계		或혹	便편	別별
	十십	說설		名명	或혹	盡진
	千천	四사		攝섭	名명	或혹
		名명	聖성		解해	正정	名명

사경의 공덕은 십만억 부처님께 공양한 것과 같은 공덕이 있습니다.

來래	或혹	流류	我아	名명	苦고	
去거	名명	轉전	所소	敗패	聖성	諸제
	可가	或혹	成성	壞괴	諦제	佛불
	棄기	名명	或혹	相상	者자	子자
	捨사	衆중	名명	或혹	彼피	此차
	或혹	惡악	諸제	名명	關관	娑사
	名명	門문	趣취	如여	鑰약	婆바
	無무	或혹	身신	坏배	世세	世세
	味미	名명	或혹	器기	界계	界계
	或혹	性성	名명	或혹	中중	所소
	名명	苦고	數수	名명	或혹	言언

사경의 공덕은 십만억 부처님께 공양한 것과 같은 공덕이 있습니다.

彼 憤 名 或 駭
諸 關 毒 我 名   諸
佛 鑰 或 心 乖   佛
子 世 名 或 違   子
所 界 和 名 或   所
言 中 合 雜 名   言
苦 或 或 毒 熱   苦
集 名 名 或 惱   滅
行 受 名 或 聖   聖
諦 支 虛 名 諦
者 或 稱 驚   者

사경의 공덕은 십만억 부처님께 공양한 것과 같은 공덕이 있습니다.

者자		染염	或혹	不불	或혹	彼피
彼피	諸제	或혹	名명	可가	名명	關관
關관	佛불	名명	廣광	壞괴	不불	鑰약
鑰약	子자	無무	大대	或혹	可가	世세
世세	所소	障장	或혹	名명	得득	界계
界계	言언	礙애	名명	無무	或혹	中중
中중	苦고		覺각	著착	名명	或혹
或혹	滅멸		分분	或혹	妙묘	名명
名명	道도		或혹	名명	藥약	無무
安안	聖성		名명	無무	或혹	積적
隱은	諦제		離리	量량	名명	集집

사경의 공덕은 십만억 부처님께 공양한 것과 같은 공덕이 있습니다.

隨 수	諦 제		名 명	現 현	名 명	行 행
衆 중	有 유	諸 제	救 구	或 혹	入 입	或 혹
生 생	如 여	佛 불	濟 제	名 명	義 의	名 명
心 심	是 시	子 자	或 혹	攝 섭	或 혹	離 리
悉 실	等 등	關 관	名 명	念 념	名 명	欲 욕
令 령	四 사	鑰 약	勝 승	或 혹	性 성	或 혹
調 조	百 백	世 세	行 행	名 명	究 구	名 명
伏 복	億 억	界 계		趣 취	竟 경	究 구
	十 십	說 설		解 해	或 혹	竟 경
	千 천	四 사		脫 탈	名 명	實 실
		名 명	聖 성		或 혹	淨 정	或 혹

사경의 공덕은 십만억 부처님께 공양한 것과 같은 공덕이 있습니다.

	或혹	駛사	或혹	名명	苦고	
諸제	名명	流류	名명	匿닉	聖성	諸제
佛불	速속	或혹	傲오	疵자	諦제	佛불
子자	滅멸	名명	慢만	或혹	者자	子자
所소	或혹	不불	或혹	名명	彼피	此차
言언	名명	可가	名명	世세	振진	娑사
苦고	難난	樂락	染염	間간	音음	婆바
集집	調조	或혹	著착	或혹	世세	世세
聖성		名명	性성	名명	界계	界계
諦제		覆부	或혹	所소	中중	所소
者자		藏장	名명	依의	或혹	言언

사경의 공덕은 십만억 부처님께 공양한 것과 같은 공덕이 있습니다.

彼		動	合	念	或	彼
피		동	합	념	혹	피
振	諸	或	或	起	名	振
진	제	혹	혹	기	명	진
音	佛	名	名	或	心	音
음	불	명	명	혹	심	음
世	子	隱	分	名	趣	世
세	자	은	분	명	취	세
界	所	覆	別	至	或	界
계	소	부	별	지	혹	계
中	言		或	後	名	中
중	언		혹	후	명	중
或	苦		名	邊	能	或
혹	고		명	변	능	혹
名	滅		門	或	縛	名
명	멸		문	혹	박	명
無	聖		或	名	或	須
무	성		혹	명	혹	수
依	諦		名	共	名	制
의	제		명	공	명	제
處	者		飄	和	隨	伏
처	자		표	화	수	복

사경의 공덕은 십만억 부처님께 공양한 것과 같은 공덕이 있습니다.

或 혹	者 자		無 무	淨 정	離 리	或 혹
名 명	彼 피	諸 제	等 등	或 혹	諍 쟁	名 명
能 능	振 진	佛 불	價 가	名 명	或 혹	不 불
摧 최	音 음	子 자		無 무	名 명	可 가
敵 적	世 세	所 소		盡 진	小 소	取 취
或 혹	界 계	言 언		或 혹	或 혹	或 혹
名 명	中 중	苦 고		名 명	名 명	名 명
了 료	或 혹	滅 멸		廣 광	大 대	轉 전
知 지	名 명	道 도		博 박	或 혹	還 환
印 인	觀 관	聖 성		或 혹	名 명	或 혹
或 혹	察 찰	諦 제		名 명	善 선	名 명

사경의 공덕은 십만억 부처님께 공양한 것과 같은 공덕이 있습니다.

隨수	諦제		義의	合합	無무	名명
眾중	有유	諸제		道도	限한	能능
生생	如여	佛불		或혹	義의	入입
心심	是시	子자		名명	或혹	性성
悉실	等등	振진		恒항	名명	或혹
令령	四사	音음		不부	能능	名명
調조	百백	世세		動동	入입	難난
伏복	億억	界계		或혹	智지	敵적
	十십	說설		名명	或혹	對대
	千천	四사		殊수	名명	或혹
		名명	聖성		勝승	和화	名명

사경의 공덕은 십만억 부처님께 공양한 것과 같은 공덕이 있습니다.

界계	虛허	可가	無무	如여	說설	
中중	空공	思사	邊변	是시	四사	諸제
說설	界계	不불	無무	東동	聖성	佛불
四사	所소	可가	等등	方방	諦제	子자
聖성	有유	量량	不불	百백	有유	如여
諦제	世세	不불	可가	千천	四사	此차
亦역	界계	可가	數수	億억	百백	娑사
各각	彼피	說설	不불	無무	億억	婆바
有유	一일	盡진	可가	數수	十십	世세
四사	一일	法법	稱칭	無무	千천	界계
百백	世세	界계	不불	量량	名명	中중

사경의 공덕은 십만억 부처님께 공양한 것과 같은 공덕이 있습니다.

大方廣佛華嚴經

一世界中說苦聖諦有百億

界亦各有如是十方世界

上所說十方如世界彼世一界

下諸佛子如是

伏如東方南西北方四維上

億十千名隨衆生心悉令調
　
사경의 공덕은 십만억 부처님께 공양한 것과 같은 공덕이 있습니다.

萬種名說集聖諦滅聖諦道
聖諦亦名各有百億萬種名皆
隨眾生心之所樂令其調伏

사경의 공덕은 십만억 부처님께 공양한 것과 같은 공덕이 있습니다.

發 願 文

귀의 삼보하옵고
거룩하신 부처님께 발원하옵나이다.

주　소 : _____

전　화 : _____　불명 : _____　성명 : _____

불기 25_____년 _____월 _____일